アトランティス超文明復活のシナリオ
〈上〉

朗報!
異次元エネルギーを発見!!

内海 覚照
Kakusho Utsumi

たま出版

まえがき

クリーンエネルギー開発の研究をはじめてから、すでに60年の歳月が流れた。

クリーンで無尽蔵な宇宙エネルギーを得るため、参考になる書籍収集を行い、磁石を使用した実験をくり返した。

さらに、少し変わった手法だが、夢をヒントに用いた。これは、仏教では密教と言われ、キリスト教では秘儀と言われ、現代風に言えば超感覚と言われるようだ。

天啓と思える不思議な夢を見たが、現実の世界でも、2002年にまったく知らない女性霊媒師から呼び出され、ご神託をいただいた。

それによると、現代は地球の重要な時期にあたり、60名～70名のお役目を持った人がこの世に生まれてきていて、私もそのうちの一人だという。

地球の重要な時期とは、歳差運動25,000年サイクルの変革期のことを言っていると思われる。

アトランティス超文明　復活のシナリオ〈上〉

クリーンエネルギー開発が私に課せられた使命ならば、ただ単に決行するのみである。しかし、研究は難しく、達成確率はごくわずかに思えた。

それでも、一応まとめることができたのは、多くの方々のあたたかいご支援のたまものであり、ここに心から感謝申し上げる次第である。

2023年1月　著者しるす

目　次

第3章　宇宙大生命体

第1章

人生の旅

1. ふたまたの道の夢

以下は、若い頃に見た夢である。

私は大きな道を歩いていた。周囲は樹木が生い茂っていて、人影もなく自然にかこまれた道であった。

やがて道は二つの道に分かれていた。左右の道とも同じ大きな道だった。私は立ち止まったが、すぐ右の道へ進んだ。なぜなら、私は大きな道の右側を歩いていたので、右へ行くのが自然だったからである。左へ行く場合、いったん道路を横断する必要があったのだ。

右の道はしばらく大きな道だったが、やがて次第にせまくなっていった。どうやら自分は、本道ではなく間道（近道）へ進んだことがわかった。

しかし、私はこれでよいのだと判断した。目的地に到着するためにはタイムリミットがあり、最短距離を行く必要がある。自然が私を近道へ誘導してくれたのだと解釈した。

この夢を見てから、私は研究において、常に最短距離を行くことをモットーにした。

2. 丘の上にそびえる観音像の夢

40才を過ぎた頃のことである。

ある夜、丘の上に奉安された背の高い観音像の夢を見た。その観音像の名称を確認したいと思い、私は丘の上へのぼって行った。観音像は10メートルほどもあり、そびえ立っていた。足もとをぐるりと回ると、そこに観音様の名称が記されていた。そこには「覚道観世音菩薩」とあった。

私はおどろいた。自分の名前と同じ観音様があるのだ。

夢からさめて、すぐに仏像図典で調べたが、そのような観音様は見あたらなかった。

その後も調べ続けたが、見つからないので、この観音様は自分自身の大我（真我）の化身であろうと考えることにした。

そこで、時折「南無大慈大悲覚道観世音菩薩」ととなえた。さらに近年は「南無大慈大悲覚照金剛」ととなえ、自分自身を激励している。

いずれ、観音様のように成道に至りたいと念願している。

3. 超科学と人格向上は車の両輪

私は仏教徒であるが、ここで一人の仏教徒として、また一人の沙門として、仏教について若干述べたいと思う。

アトランティス滅亡の原因には、カースト制があったという説が文献にある。釈尊の説いた仏教は、カースト制の定着したインドで誕生した。

その特色は、

① 神ではなく、仏（覚者）を立てる宗教であり、

② 全ての人間は平等であり、

③ 無対立及び中道（ほどほど）を尊ぶ、といえる。

しかし、伝統のカースト制に対し、人間平等を説いた仏教は、地元インドでは信者が少数にとどまったが、やがて東南アジアで開花する。

心のありかたを説いた仏教は、人格向上をめざしたものと私はとらえている。

ちなみに、キリスト教は、人間が本来持っているキリ

ストのような意識をキリスト教として伝えたことが特色と考えられる。

心の軸、心の姿勢、人道というものが人々に定着しない限り、超科学が復活しても再び争いが発生し、滅亡をくり返すであろう。

超科学復活と人格向上は車の両輪である。

4. 届けられたサンスクリジェ光源集合体の本

ある日、一冊の本が私のもとへ届けられた。サンスクリジェ光源集合体からのメッセージが、自動書記によって書かれたもので、2013年6月に発行されたものだ。

著者Aさん（女性）は全く知らない人だが、富士山のふもとで活動している方で、夢のお告げによって私に贈ったとのことだった。

サンスクリットといえば、古代バラモン教のイメージがあるが、そのメッセージを読んでみると、中道を説くに至った仏教とはいささか異なる感じを受けた。

しかし、地球復活を地球ワンチームとして行うことに異存はなく、激励としての贈物と思い、ありがたく拝読させていただいた次第である。

「渦巻星雲」油絵　1965年　　筆者若き日の作

第2章

宇宙波動発電機

～マグネット型は水晶発電のひな型～

1. 4区交流マグネットモーターの ローター構造

一般的な4区交流モーターは12芒星型で、ローターは水平羽根になる。ちなみに、6芒星型ローターは段差羽根になる。

12芒星のつくり方は複数の方法が考えられるが、シンプルな方法は次の図のごとく位相の異なる大小の6芒星を組み合わせる方法だ。

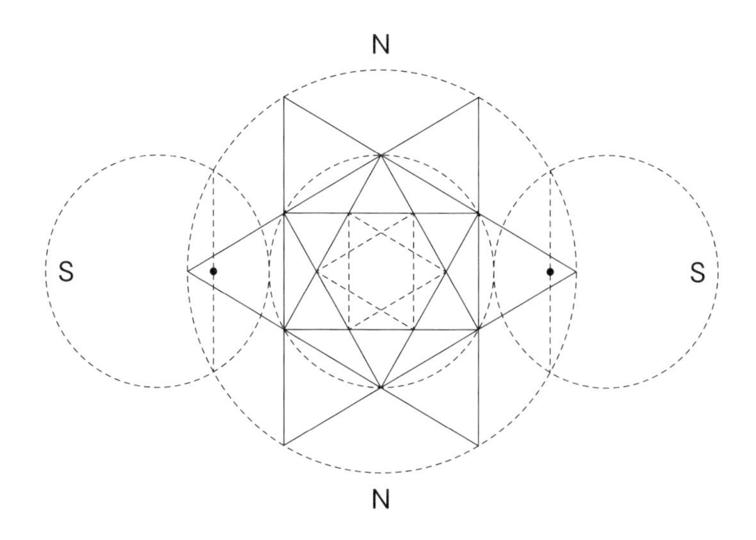
N
S
S
N

この場合、固定軌道は楕円となり、N極とS極の4区交流になる。

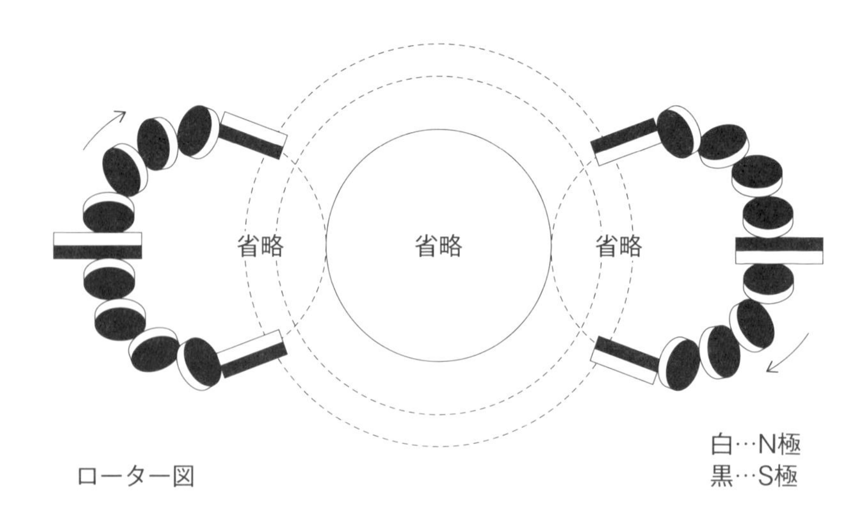

なお、省略部分は下巻（増補版）にて明記の予定。

ローター中心部は略式な場合と正式な場合のふた通りを製作してあるが、とりあえずは略式な形式を採用したいと考えている。ローターに限らず、まずは全体にシンプルな形式とし、レベルアップはその後の計画としている。機能にそれほどのちがいはなく、構造を重視している。

2. マグネットモーター固定軌道構造

マグネット・モーターの構造は、上段、ローター、下段、最下段の順序になる。モーター構造は発電機構造になる。

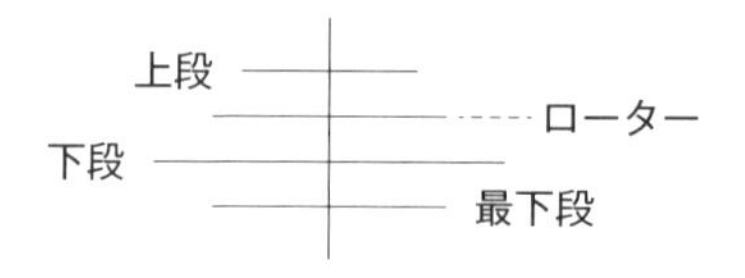

上段（上宇宙）８方ユニット（８方星）

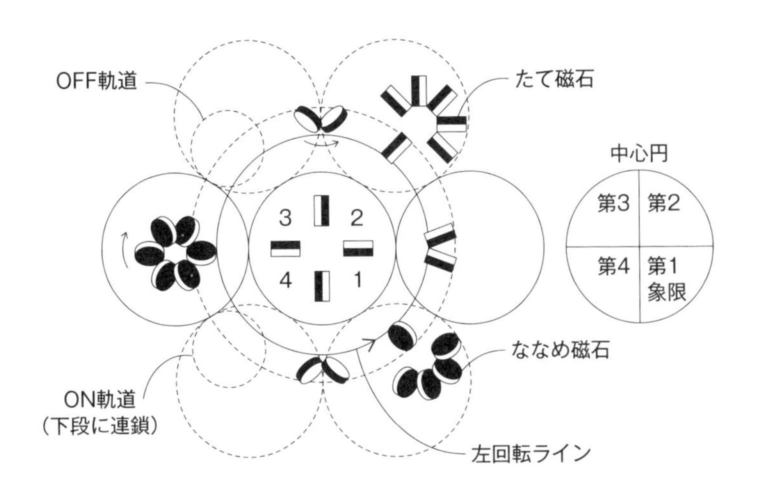

上段（上宇宙）には６芒星と８方ユニット（８方星）が併存している（この併存の理由は仮説５によって詳細を述べる）。

従って、６芒星トライアングルは底辺が若干短くなっている。

なお、OFF 軌道及び ON 軌道は下巻（増補版）で明記の予定。

下段（下宇宙①）

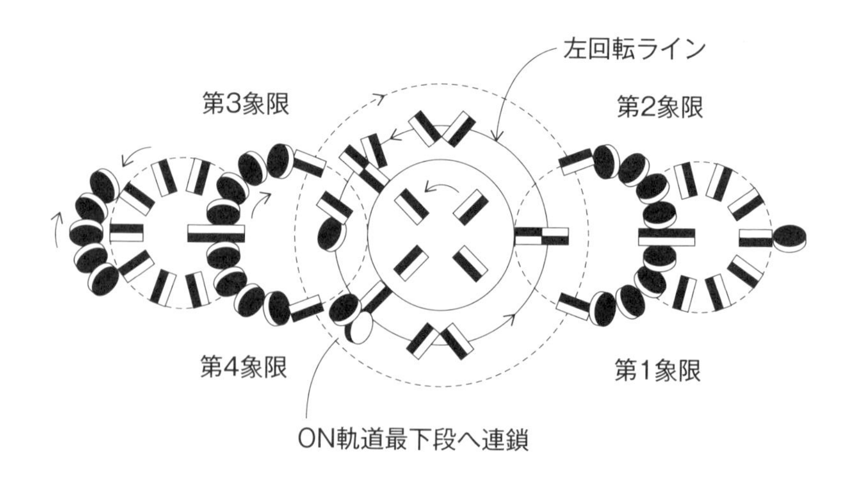

最下段（下宇宙②）

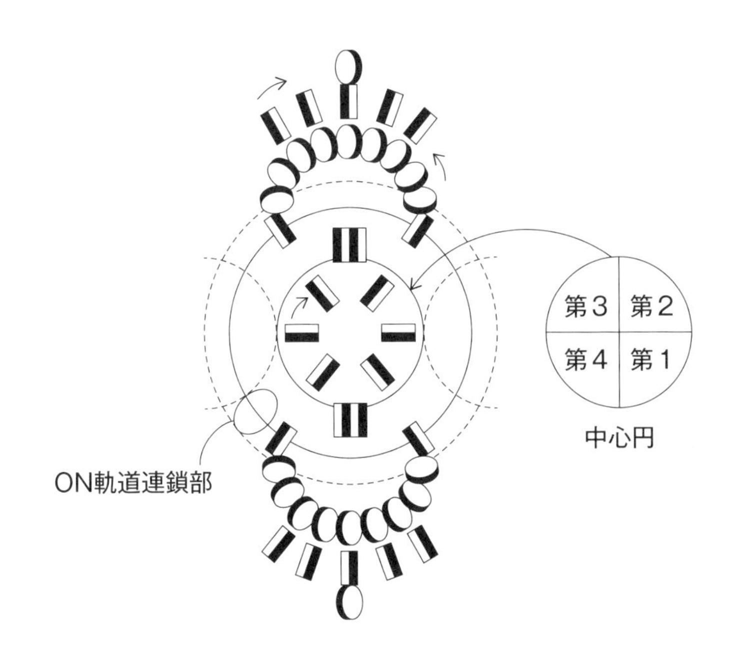

最下段はＮ極で、圧縮された「つぶれ軌道」を採用している。完全につぶれた場合は、マンジ軌道になるが、その場合でも、磁力線がモーター中心方向へ流れるようにする。

3. 左右磁力線、逆回転の法則

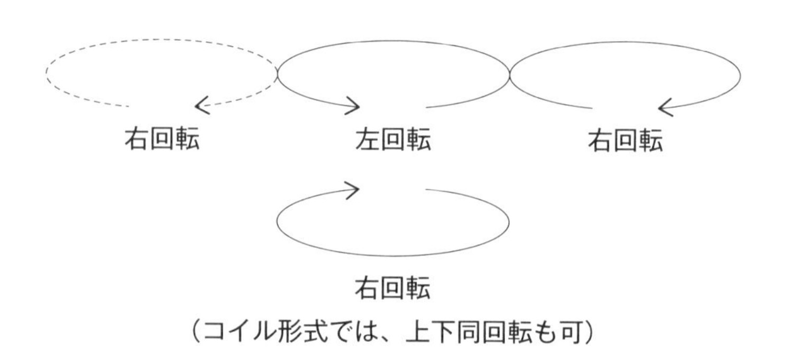

図のごとく、磁石軌道の磁力線は、左右逆回転になっている。

また、上下磁力線の場合、上下逆回転が原則だが、コイル形式としては同回転でも可能となる（つまり、逆回転、同回転とも可）。そのほか、磁石の主な法則は、図のごとく斜め磁石を同方向に重ねると推進力が大きくなる。

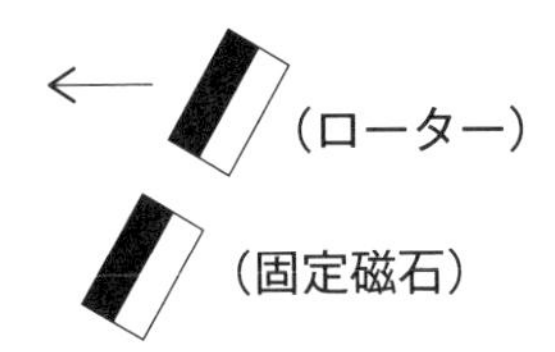

さらに、注意すべき点は、固定軌道の上空通過と下空通過では違いがある。

4. 6芒星システム実験での2焦点異常加速

およそ20年ほど前のことになるが、記憶に残る磁石実験があった。

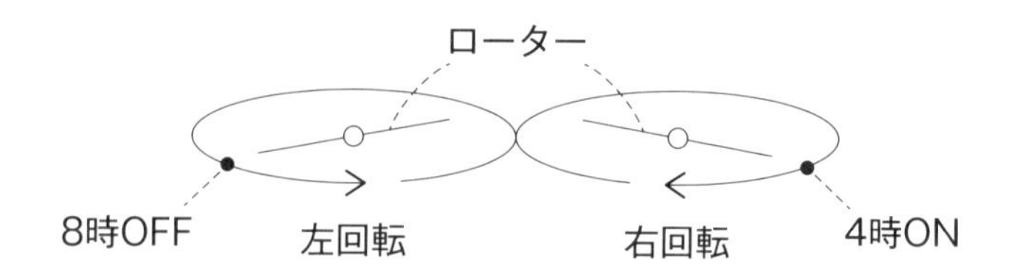

上図のごとく、左側に左回転に適したOFF（閉）の軌道を、右側に右回転に適したON（開）の軌道を設定し、左右のローターは歯車で連動させていた。

手でローターをゆっくりと回転させていたが、左側が時計での8時OFF軌道、右側が4時ON軌道近辺にさしかかると、ローターの異常加速が発生したのだ。

何度くり返しても同様の加速が発生し、6芒星焦点加速は驚異的なものだと感じた。

しかし、不思議に思ったのは、左側8時軌道と右側4時軌道は20cmほども離れていて、磁石が作用し合える距離ではないのだ。また、共振とは関係ないOFFとON軌道を設置していた。

そこで、当時は原因がはっきりしないまま、6芒星2焦点における異常加速として実験データを作成した。

その他気付いた点は、8時焦点と4時焦点でほとんど同時に加速しているのだが、あえて言えば、先ず8時焦点で加速し、4時焦点は連動して加速しているように感じたことだ。

この件は後日その理由が判明することになる。結論を言えば、ローターは上から見て左回転なのだ。この理由は下巻において明記する予定だ。

その夜、不思議な夢を見た。夢の中で磁石モーターの回転実験をしていると、ローターが6芒星焦点を通過するときに赤い火花が出ているのだ。これは、強力な加速をあらわしているものと解釈した。

この原因不明の異常加速はその後の研究課題となり、後日、異次元エネルギー（超空間エネルギー）発見につながるきっかけになった。

ちなみに超空間とは中心点において時間ゼロになる空間のことで空間軸のみの空間である。

空間軸と時間軸は置きかえることができる。つまり空間（x）を時間（－ct）と表現でき置きかえられる。（c は光速度）

これは距離＝時間×速度という公式から成立する。

この空間軸（x，y，z）のみの空間が超空間であり、異次元のエリアということになる。具体的にはブラックホール内の空間である。

六芒星回転実験での異常加速は磁力線（電磁気流）がブラックホールからホワイトホールへ通加するとき、時空が対消滅したために発生していたのだ。

5. 仮説、12 芒星から 4 方・8 方が生じる

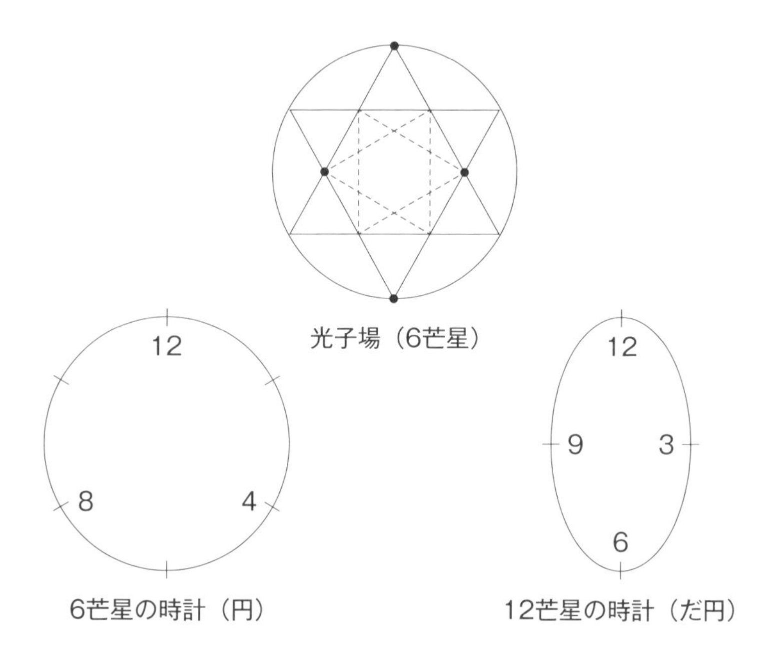

6 芒星の時計は円だが、12 芒星は楕円となり、4 方が生じ、4 方の中間点を加えて 8 方となる。6 方と 4 方が併存しているのだ。

易占でも応用され、8方星に中心星を加えて9星となる。

なお、カバラ秘占で知られているカバラ生命の木10球は、下図のごとく宇宙波動発電機のローター構造に一致している。

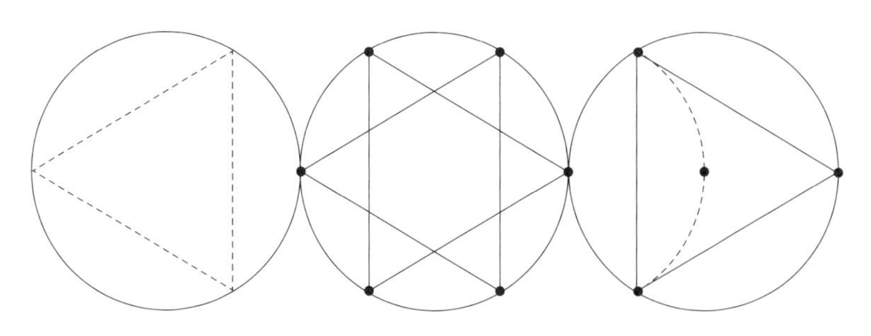

カバラ生命の木10球の暗号

6. 仮説、時間・空間・光子

宇宙の基本図は三つの球からなる。

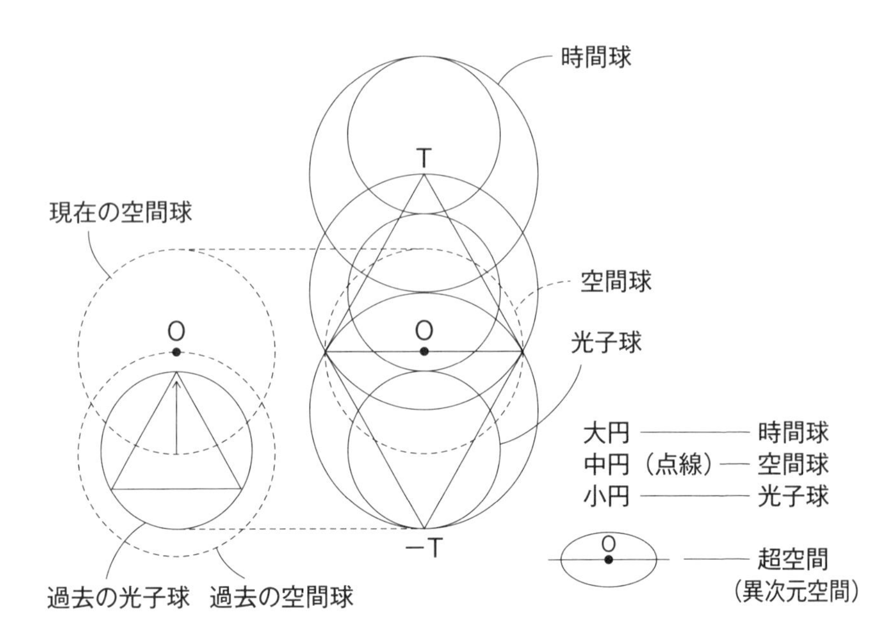

宇宙は時間波・空間波・光波の三つの波動から構成されている。

Ｔは未来、－Ｔは過去、Ｏは超空間の中心で、光子が直接発生する特異点である。我々の知覚する現実、時間、空間、物質は、すべて光子が変化したものだ。我々は光が届ける過去の事象を知覚している。

私が学生時代につくった時空に関する理論に、時空相称理論というものがある。

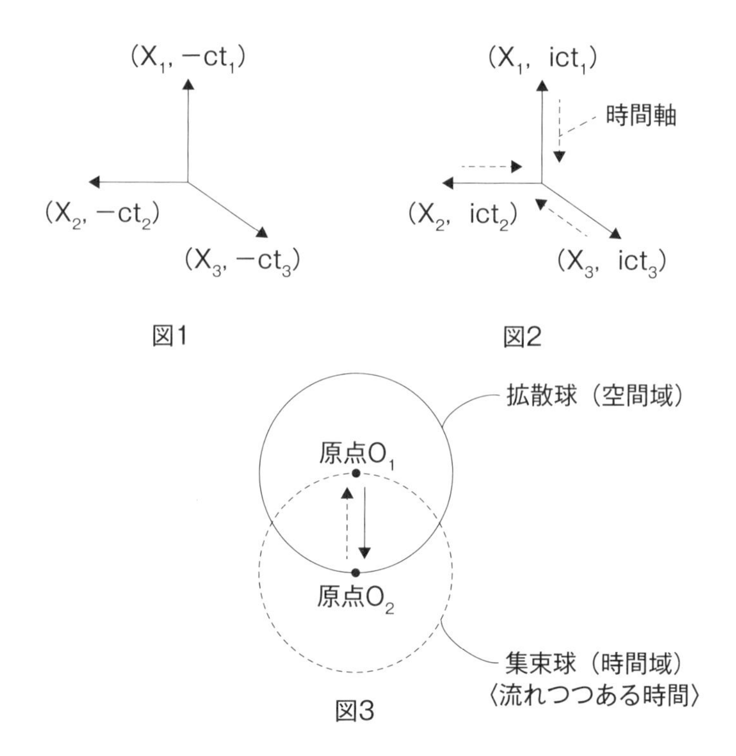

図２のごとく、時間軸に虚数の ict を用いると、時間軸の方向が逆になるのだ。つまり、図３のごとく集束と拡散をくり返している。

後日、宇宙連合の書『ニュー・メタフィジックス』では集束を OFF、拡散を ON であらわしており、類似した考えであると自信を持った。

また、流れつつある時間（持続）では、図３のごとく時空が同じ大きさなのに対し、流れた時間（測定する時間）では図５のごとく時間波の方が空間波より大きくなっている。

時間には２種類の時間があるのだ。

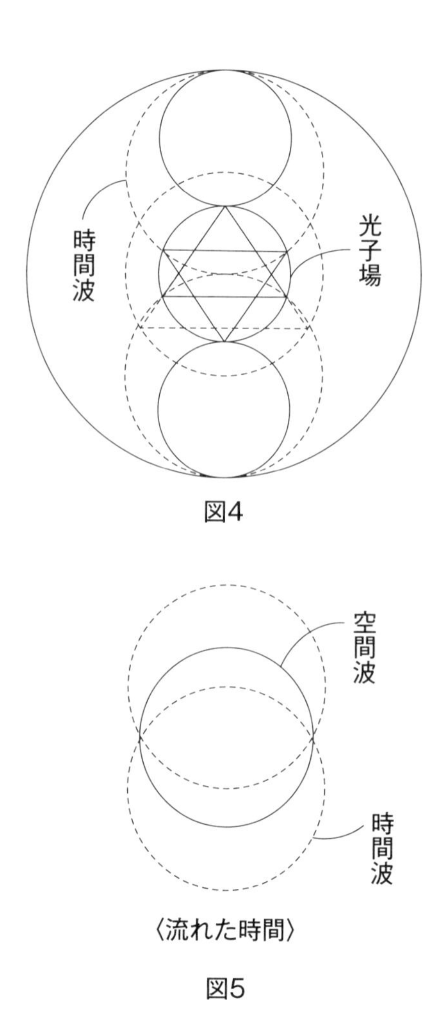

図4

図5

プラス（未来）の時間球とマイナス（過去）の時間球の間に空間球（現在）がある。

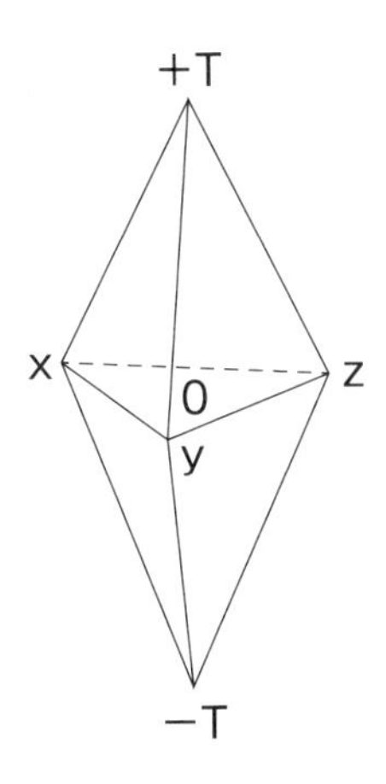

図6　時間球二重四面体の立体図

7. 仮説、大ピラミッドの暗号

エジプト・ギザの大ピラミッドには超科学に関する多くの暗示があり、それらを解読すべきだと思う。

まず、四角錐は4区交流をあらわしている。しかし、なぜ円ではなく四角なのか。そもそも、空間は球というより正三角錐の集合なのだ。20個の正三角錐から球ができている。

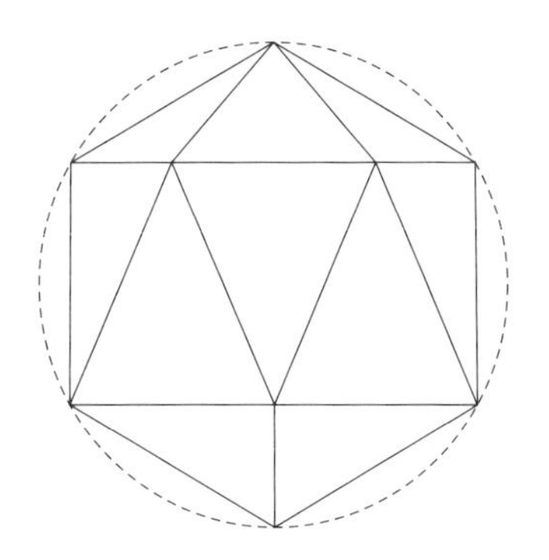

20個の正三角錐による球体

そこで、円運動を行う場合、四角を円に換算する必要がある。下図のごとく、円形を四角形に変換し、円周と四辺の長さが同じになるようにすると、半径がほぼ9対10の割合で長くなる。

このことは大ピラミッドでもあてはまり、(大ピラミッドの高さ)×2πは土台の周辺の長さと同じ長さになっている。つまり、円形を四角形に変換しているのだ。

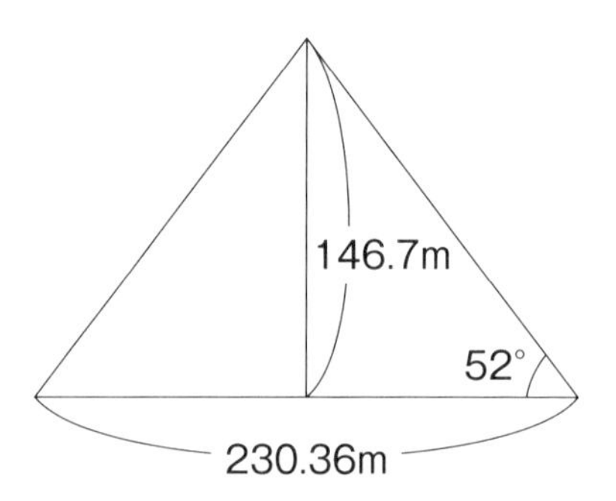

エジプト・ギザの大ピラミッド

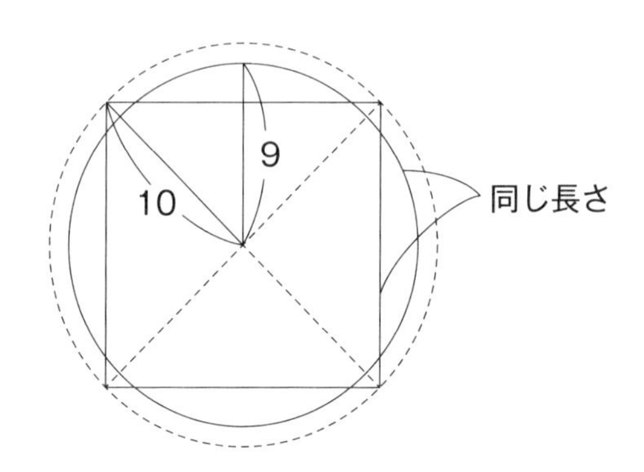

また、大ピラミッドの暗号は異次元エネルギーを生産する超空間ルート（入口〜出口）をあらわしている。

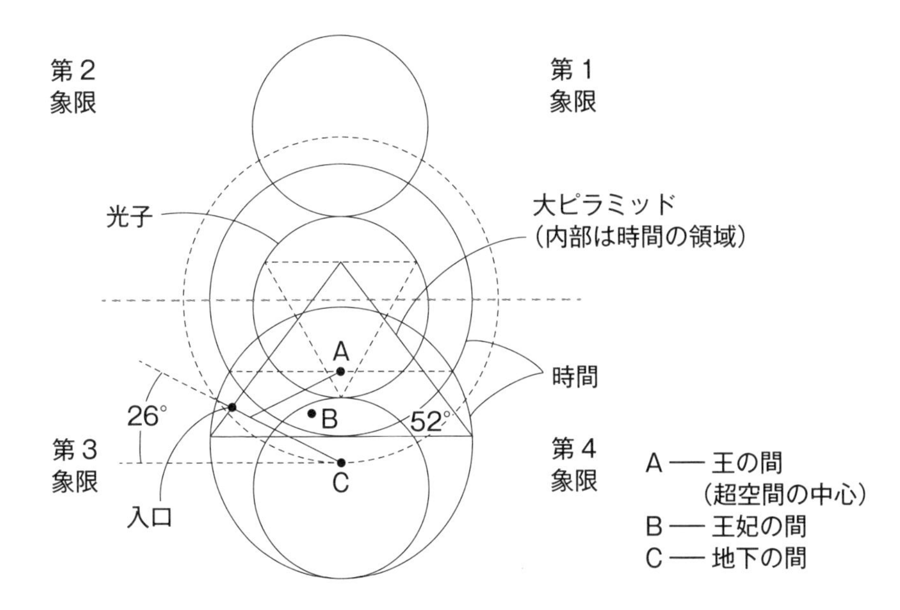

大ピラミッドの入口はブラックホールで、超空間（異次元）への入口で第３象限にある。ホワイトホール（出口）は第４象限にある。

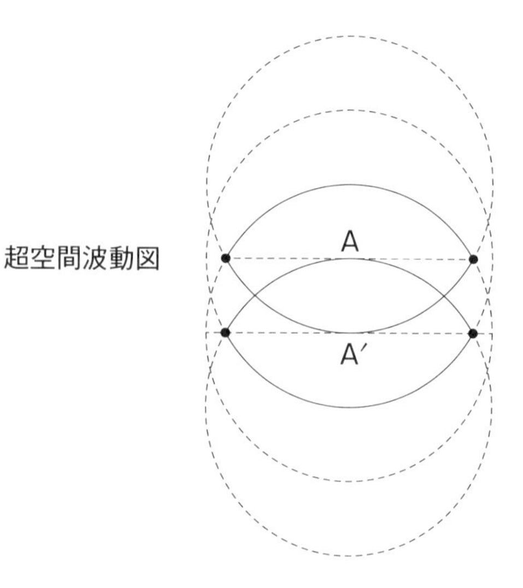

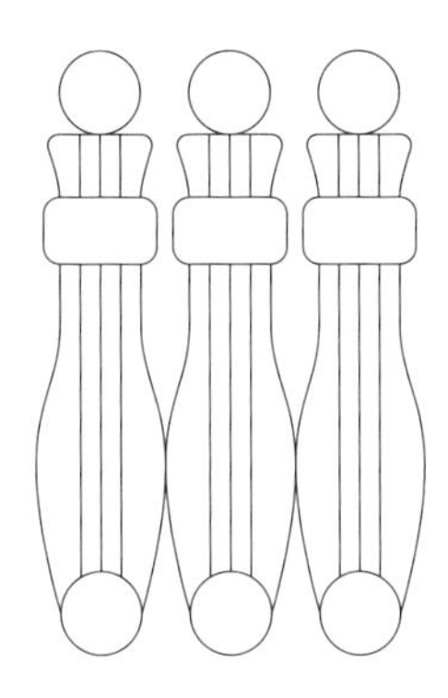

カバラ神殿の暗号
（太陽三神の柱）

幅のある超空間ルートをあらわしている

8. 仮説、重力場地球と重力波（空間弾性波）

重力波を考える場合、重力のある地球が参考になる。

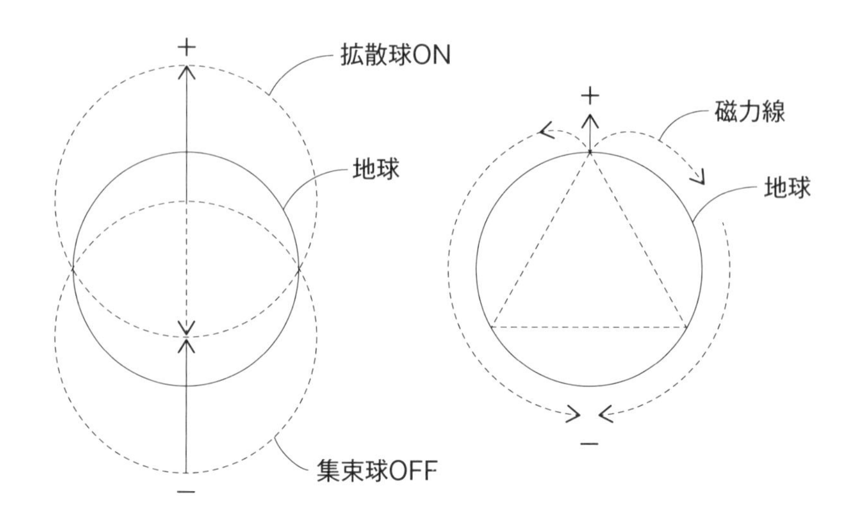

重力波（弾性波）は拡散球の方向へ流れる。

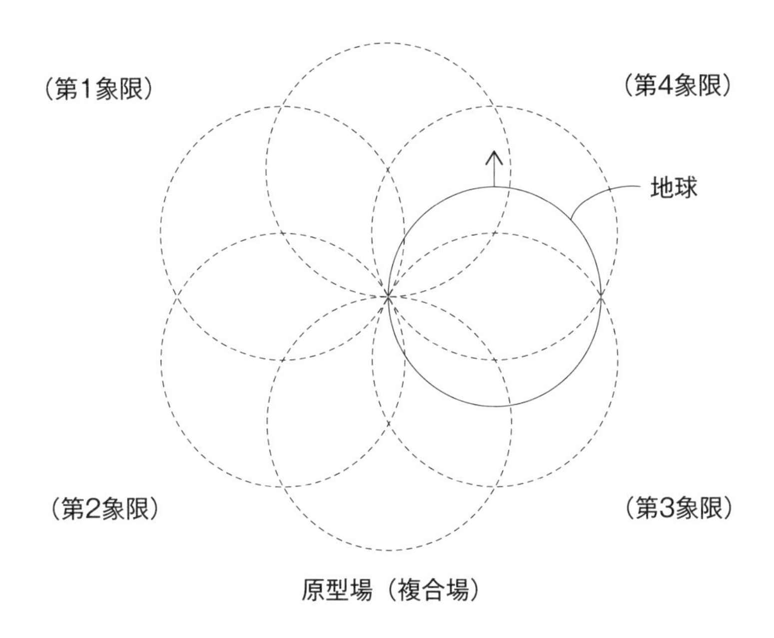

原型場（複合場）

地球は原型場において、第３・第４象限に存在する。

北極がブラックホール（入口）で、南極がホワイトホール（出口）になる。

超空間ルートはトライアングルで底辺のルートなのだ。地球はこの底辺に存在している。

ちなみに、障害物のない宇宙ではブラックホール内において、空間そのものがON・OFFという伸縮をくり返していて、この波動に乗ることにより瞬間移動が可能になる。

つまり、この空間弾性波によって超空間エネルギーが生じている。

さらにくわしく言えば、超空間（ブラックホール）内においては時間球と空間球が同じ大きさになり、時空対消滅が発生する。

つまり、拡散球と集束球が互いに打ち消し合うのだ。この状態により瞬間移動が発生する。

9. 仮説、地球の自転と発電機構造

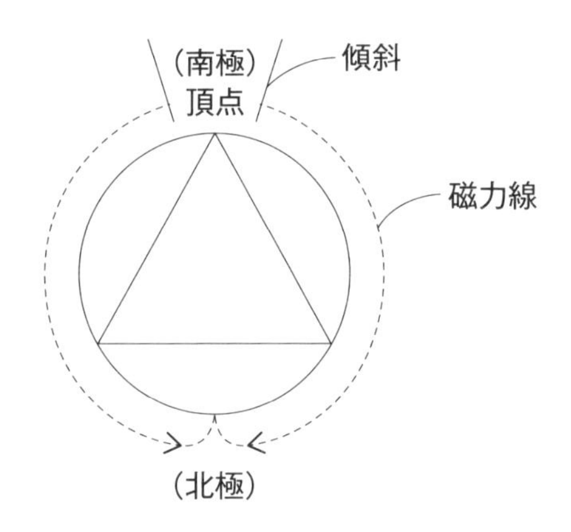

地球を頂点から見ると、地球の自転は左回転になる。下から見ると右回転になる。従って、太陽は東から昇ることになる。

地球は傾いて自転しているが、これは６芒星の区間が関係するもので、回転しやすいように傾斜している。宇宙波動発電機でもこの傾斜を考え、左右の軌道は異なっている。

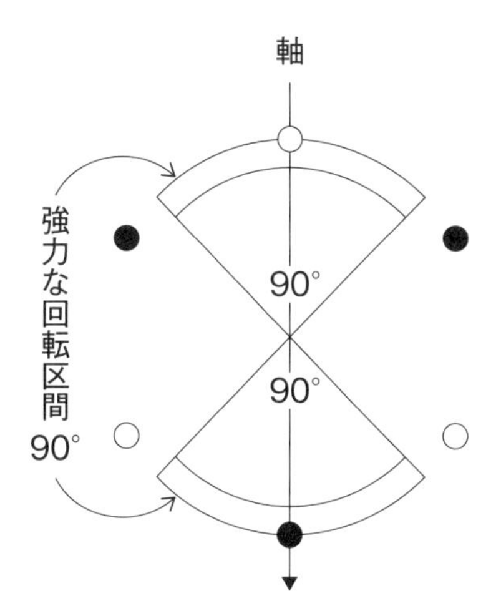

垂直では6芒星が2ヵ所

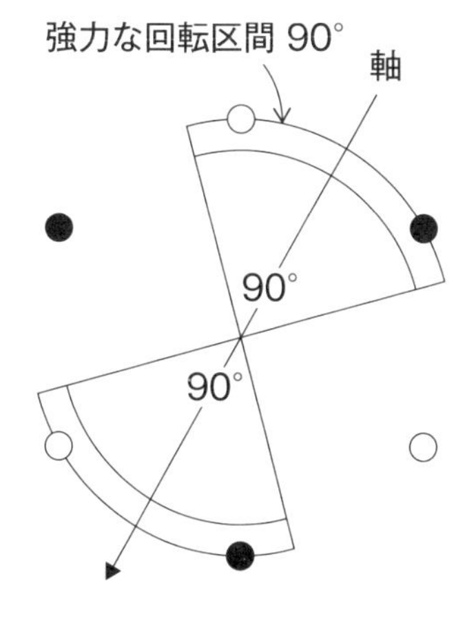

軸を傾けると6芒星が4ヵ所入る

10. 仮説、異次元との扉、ブラックホールとホワイトホール

現在、遠方の宇宙にブラックホールが発見されているが、ブラックホール（吸いこみ口）に対し、ホワイトホール（吹きだし口）という仮説がある。

宇宙連合の書「ニュー・メタフィジックス」には、次のごとく記されている。

——「人間の脳の中心にブラックホールまたはホワイトホールがあり、脳の中心と細胞（小さな脳）の中心はつながっていて、意識のエネルギーが行き来している」

このことから考えると、脳や細胞の中心はブラックホールになったりホワイトホールになったりして、高速度でOFFとONが切り替わっているのだ。異次元のルートを通ることによって、人体に強力な増幅エネルギーが与えられている。

なお、これら両ホールは宇宙のいたる所に存在しているのだ。

宇宙波動発電機では、ローターがOFF軌道とON軌道を通過して、同じように変化をくり返している。そして、異次元エネルギーによって加速するしくみになっている。

11. 仮説、超空間ルート（重力ダイナミックテンソル）

超空間のダイナミックテンソル（動的で幅のある線形宇宙）は、円形での第３象限の入口より第４象限の出口へ進む異次元宇宙だ。

大ピラミッドで考えると、物質はブラックホール（入口）から王の間（中心）へと進むが、このルートの上側の幅と下側の幅が暗示されている。物質は、らせん状の渦に沿って重力波、すなわちOFF・ONの空間弾性波によって進む。

王の間（中心）では時間ゼロとなるが、その状態は人間の感覚では理解しにくい。しかし、科学的には考えられる。

球体は20個の正三角錐からなり、その20個の頂点は球体の中心に集まり、これらの頂点に重力の中心がある。

そのうちの１個の正三角錐について考えてみる。

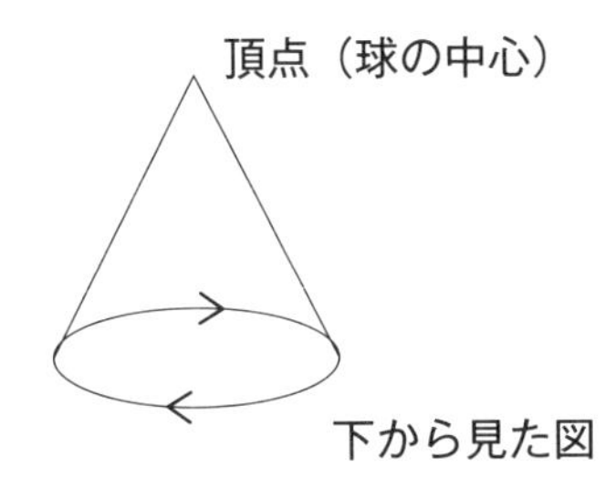

図のごとく、固定された頂点から振り子が回転している円錐を考える。

速度＝$\frac{距離}{時間}$という公式があり、速度を光速度一定とすると、頂点に近づくに従って回転距離はゼロに近づき、時間もゼロに近づく。これが時間ゼロの正体なのだ。超空間の特異点では時間ゼロとなり、すべての事象が同時に発生していることになる。

王の間の前後に、カバラ神殿のある控えの間（入口）と重力拡散の間（出口）がある。これらがブラックホール（OFF 軌道）とホワイトホール（ON 軌道）をあらわしている。

ちなみに、ON の出口エネルギーは特に強力で、水晶パワーもこの出口エネルギーによるものだ。

また、超空間に関すると考えられる「謎の卵」の伝説があり、「マンジと太陽の力、それに赤に象徴される力」という暗号の文言がある。この「赤に象徴される力」が超空間の力ということになる。この超空間の軌道は、本書下巻に明記する予定にしている。

第3章

宇宙大生命体

無限循環宇宙は光子場形になっている。

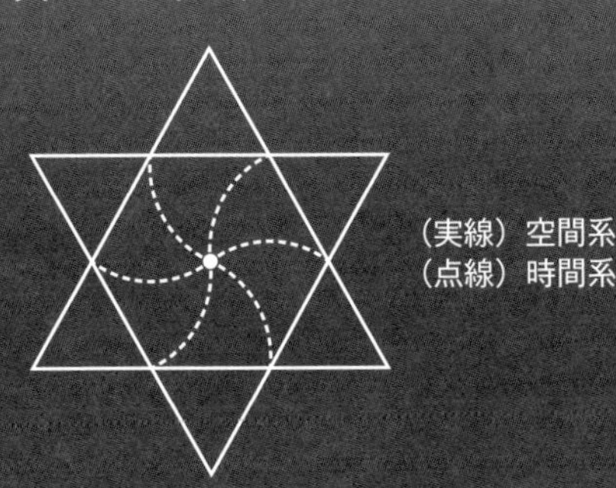

1. 仮説、超空間

宇宙連合の書「ニュー・メタフィジックス」には、次のごとく記されている。

――「超空間とは意識の中心または大いなるすべての源」

このことから推理すると、集束状態では点であり、拡散状態では球体となると考えられる。

現在の科学では、空間は点の集合と考えられている。点（OFF）と球（ON）の高速でのくり返しだが、点（OFF）の方がわずかに少ないため、常に球（ON）の状態として認識されることになる。

超空間は大生命体であり、点（意識）でもあり、球（全ての根源）でもあり、これらは波動によって宇宙に遍在している。

大ピラミッドでは超空間の中心に王の間があり、ここがスーパー意識の特異点玉座ということになる。人間の個人意識は集合意識につながっていて、集合意識の奥にスーパー意識（中心的意識）があると推測される。

スーパー意識は意識のみでこの宇宙を創造しているのだ。スーパー意識は宇宙にないものでも創造することができ、あるものでもなくすことができる。ある意味では、全能と言っても過言ではない。超空間そのものが驚異的能力を持っていることになる。

2. 仮説、宇宙船及び反重力

宇宙船リープ航法は、360°の波動場における第3象限の中央の上宇宙に入口（ブラックホール）があり、第4象限に出口（ホワイトホール）がある。

超空間（重力ダイナミックテンソル場）に入ると、重力波（空間弾性波）によって強力に吸いこまれていく。次第に時間はゼロに近づき、中心（時間ゼロ）を通過すると、時間は再び増加していく。超空間を出ると通常の時間となる。

本来、時間はなく、時間は創造されたもので、我々は二次的に創造された宇宙で生活していることになる。

宇宙船の製造方法については、宇宙連合の書「ニュー・メタフィジックス」や異星人コンタクティの書「プロジェクト・セザール」などを参考にすることをおすすめする。

反重力については、宇宙連合の書に「光のステップアップが必要になる」と記されている。

　このことから、二つの波動が同じ周波数となり、増幅する方法が考えられる。

　超電導磁石を用いて増幅するリニア浮上式鉄道も、反重力の一種と思われる。

3. 仮説、人間小宇宙と5芒星結界

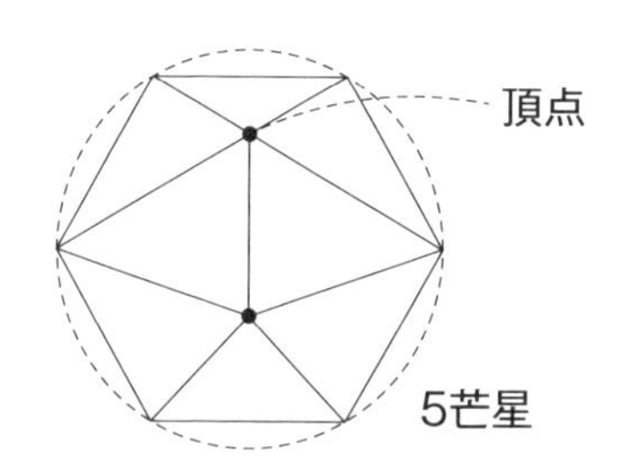

球体は20個の正三角錐からできている。

球体内部は6芒星だが、球体表面は5芒星になっている。上から見ても、下から見ても、横から見ても、5芒星になっている。人間の結界は5芒星で、小宇宙とも呼ばれている。

人間の意識は360°の結界のスクリーンに投影され、投影されたものが五感へと反映されて戻ってきている。

また、人体には7つの主要なチャクラがあり、異次元との通路になっている。チャクラもブラックホールの一種で、物理次元と異次元の間をエネルギーが高速で行き

来している。チャクラはエネルギー増幅器で、変動して出口となる状態は「ホワイトホール」と呼ばれる。

なお、人体は肉体、幽体、霊体の三身からなっており、幽体（アストラル体）には衣があり、チャクラが目覚めると、この衣は光り輝く光輪（オーラ）として見えてくる。オーラの耀きは霊的進化をあらわしている。

あとがき

宇宙波動発電機を動かす異次元エネルギー（超空間エネルギー）は、地球全人類のためのものであり、特定の人々のためのものではない。

なぜなら、超空間（第3〜第4象限の空間）は宇宙のいたるところにあり、どこでもエネルギーを生産することができるからだ。この発電機の具体的構造は、本書の下巻（増補版）で明記する予定だ。

現在、マグネットを使用した小型の宇宙波動発電機の製造販売計画を持っている。ただし、念のため多方面の有識者のご意見を伺ってから実施したいと思う。何らかの支障がある場合は、当分延期することもありうる。このマグネット型は、将来、地球消費電力の1〜5%程度をまかなうことを目標としている。

なお、本書では超空間の解説を大ピラミッドの暗号によって行ったが、他の複数の宗教にも暗号があり、それらは下巻において明記する予定だ。

地球は今日、地球環境、気候変動問題があるうえ、新型コロナウイルスの流行や戦乱もはげしい。地球のきびしい試練に、一刻の猶予もない切迫感がある。和合、わかち合いの世界、あしたの地球を信じたい。

また、本書に記述した仮説がすべて正しいわけではない。もし誤った部分があれば是正されることになる。

思えば長期にわたる研究だったが、お世話になった多数の方々に重ねて感謝申し上げます。

参考文献

『ニュー・メタフィジックス』
（バシャールと宇宙連合・著、チャネル＝ダリルアンカ、関野直行・訳、ヴォイス、1991年）
『プロジェクト・セザール』
（大橋裕朋・著、技術出版、1991年）
『アトランティス』
（フランク・アルパー・著、高柳　司・訳、コスモ・テン、1994年）

〈著者プロフィール〉

内海 覚照（うつみ かくしょう）

昭和16年、東京生まれ。
成蹊大学工学部卒
僧侶（法名覚道、覚照は筆名）
各種学校の校長をつとめる。
現在は会社役員。
著書；「五次元の超科学とテレポテーション」（たま出版）

アトランティス超文明復活のシナリオ〈上〉

2023年5月29日　初版第1刷発行

著　者　内海 覚照
発行者　韮澤 潤一郎
発行所　株式会社 たま出版
〒160-0004　東京都新宿区四谷4－28－20
☎ 03-5369-3051（代表）
FAX 03-5369-3052
http://tamabook.com
振替　00130-5-94804
組　版　マーリンクレイン
印刷所　株式会社エーヴィスシステムズ

ISBN978-4-8127-0468-4　C0011